별의 내력

별의 내력

별의 내력

박미영 시집

도서출판 문화의 힘

별의 내력

땡볕 거스러미가 만져지는 여름
하늘 품어 별을 낳으신
이 땅의 모든 부모님들께 올리는 詩입니다.

한 생명이 다른 생명에게 다 못 전한 말들이
그리고 지키지 못한 남은 약속들이
별빛이 되고 꽃향기가 되어
정성과 그리움의 내력으로 이어져 옵니다.

나란히 칠순을 맞으신 부모님 곁에서
이 시집을 엮을 수 있어서 더욱 행복합니다.
돌아가시고 난 다음에 후회하지 않기 위해
더 열심히 살겠습니다.

2015년 8월
시인 박미영

| 서시 |

봄인 듯 꿈인 듯 행복하소서

어떻게 살아오셨나요 어머니
그동안 그 독한 세월 어떻게 이겨내셨나요 아버지
몸 구부리고 몸 낮추어 살아오셨던 흙과 땀의 시간들
모 다 심어야 꽃 피는 줄 알았고
벼 다 베어내야 두 발 뻗는 줄 아셨던 순한 눈매에
어느새 칠십 생애를 찍어온 발자국 그득합니다

당신에게 몸 빌려와 당신으로 돌아가는 자식들 사남매
키울 때는 가시밭길이더니
키워놓고 보니 꽃길이더라는 말씀
살아온 길은 한걸음 한걸음이 천근만근이더니
지나온 길은 지워져서 한 근도 안 되더라는 말씀이
부모라는 이름의 내력 아닐까요 어머니 아버지

이제 어떻게 사셔야 할까요 어머니
앞으로 어떻게 살아가셔야 할까요 아버지
홍매화 붉게 다시 피듯
해가 바뀔수록 새 잎 더 돋는 춘설차의 향기처럼
봄인 듯 꿈인 듯 더 행복하셔야 하지 않을까요

이제 자식들 위해서는 그 어떤 일도
아무 일도 하지 마세요 어머니 아버지
그저 지금처럼만 건강하게
그저 지금처럼만 저희 곁에서
그렇게 오래오래 머물러주세요 어머니 아버지
봄이 꿈인 듯
꿈이 봄인 듯

1부_ 엄마의 꿈

2부_ 아빠 오시는 소리

3부_ 끈

4부_ 외딱지 조가비

| 해설 |

별의 내력

1부
엄마의 꿈

별의 내력

별의 내력

밤하늘이 낳은 작은 섬
어둠만이 울타리다

아비 뼈로 집 짓고
어미 살점 파먹으며
별들이 자란다

서서히 달구어진 체온으로
제자리를 지킬 수 있을 때
마침내 별빛으로 빛나는 내력

당신이 별이다

지게질과 아버지

유복자로 태어나 산이 그리운 아버지는
일곱 살부터 지게질을 하셨더란다

당신 키보다 더 높은 지게 등에 지고
그대로 산이 되시는가보다

골짜기마다 사과나무 감나무 유실수들 심어놓고
별과 달도 따다 산마루에 걸어놓고
물과 불의 시간은 지겟대로 괴어놓으신 아버지

배고플까 추울까 떨어질까
지게 위에 업힌 새끼들 때문에
평생 내려놓지 못하고 산이 되시는 아버지

잠꼬대처럼 작은 목소리로 불러도 어떻게 아시고
큰 메아리로 뒤돌아보시는

코뚜레

실컷 여물 먹은 날
송아지는 코에 올가미 걸려
소가 되었다

뒷발로 박차버리고 싶은 세상 대신
뿔로 치받아 버려야 할 현실 멍에 삼아
아버지는 자식들에게 코 꿰어
아들딸의 운명 속으로 걸어가신다

소는 그날을 떠올리며
틈만 나면 눈 감고 되새김질하고

아버지는 때때로 쓴 입맛 다시며
코뚜레로 속울음 우는 것이다

생강발

통풍에 갇힌 아버지 발등에 싹이 돋았습니다
관절마다 밀고 나온 천둥벌거숭이 염증들이
흙의 뼈마디마디 사이를 헤집었나봅니다
화닥화닥 통증 굳어 휘어진 발목 위로
푸른 멍 줄기 줄줄이 흘러내려
흙 안에 똬리 틀고 독기 가득 품었습니다
오로지 새끼들 하나 잘 키우겠다는 욕심으로
발가락이 뿌리가 된 아버지의 생강발
울퉁불퉁한 아버지의 세월이
바람만 불어도 움찔움찔 소복하게 부어오릅니다
주름살투성이 저 뿌리알
서릿발 하얗게 내릴수록 몽그라진
천리향 생강내는 또 어떻게 말로 다할지

우렁이 손톱

무 마늘 파 아욱 머위…
손톱으로 벗기고 깎고 다듬어야 했던 것이
단지 채소 껍데기뿐이었을까요

엿 누룽지처럼 눌어붙은 가난과 고난을 떼어내려
묵정밭 비탈마다 박박 긁어 옥토 이랑 만드신 어머니

어머니 손가락 끝마다 우렁이가 삽니다
속살 다 파서 사남매 입에 넣어주고
닳고 닳은 몽당 숟가락이 우렁이 손톱으로 걸려 있습니다

첫 아이 배내 손톱을 대할 때처럼
무릎 꿇고 엎드려
잘근잘근 입술로 씹어 깎아드리고 싶습니다
어머니

고구마

흙속 깊숙이 박혀있는 고구마
세상의 어두운 귀퉁이에서 생인발을 앓던
어머니 발을 뽑았더랬습니다

퉁퉁 부은 발등이 나오지 못하고
땅속에서 접질려 통증을 견딥니다

내내 습진과 무좀 속에 살아온 흔적이
또 갈라지고 진물이 납니다

소쿠리에 실려 급하게 가마솥 안으로 들어가는
토막 난 어머니의 생애
고구마를 먹을 때마다 가슴을 치는 이유입니다

엄마의 꿈

꿈이 있었다지요
벚꽃구름처럼 뭉게뭉게 꽃알을 품었었다지요
새봄이 너무 짧아 하르르 저버리고 말았다지요

지금도 가끔 꿈을 꾸고 있나요
자꾸 어깨가 결린다는 날은 혹
가방 메고 학교 가는 꿈 이룬 날이 아닐까요

그동안 못한 공부하느라 얼마나 책을 넣었는지
어젯밤에도 밤새 파스 붙이고 걸었을까요
점점 가라앉는 어깨에 새끼들 사남매가 앉아있네요

굽이

목 굽은 괭이, 갈퀴, 쇠스랑
허리 굽은 낫, 호미, 도리깨

흙을 파내면 내 앞에 쌓이고
풀을 베어도 내 쪽으로 넘어진다

허리 굽은 어머니
얼마나 많은 세월을 파왔을까

내 편으로 만들기 위해
남의 편은 또 얼마나 들어주었을까

잡초와의 전쟁

아버지는 농토 생명을 지키는 파수꾼
가진 무기라면 호미 한 자루
콩밭 적진지에 전투태세를 갖추고
끈질기게 세를 확장하는 잡초 군단과
육탄전을 치르는 중이다

전쟁터를 한 번도 벗어나 본 적 없는
퇴역할 즈음의 최고참이 되었지만
신념 하나는 늘 초년 훈련병이다

– 지들이 암만 늘어나봐라 누가 센지
  한발자국이라도 부지런한 사람이 이기더라

저 강요 없는 가르침

흙의 주인

갯능정이 간장물에 삭혀
절구에 짓찧고
논우렁 된장찌개
서너 숟가락쯤 퍼 넣고
열무김치 송송 썰어 비빈
보리밥 한 대접

밥 한 톨의 힘을 알기에
아버지는 칠십 평생을 흙에서 살았다
흙이 주인이고 흙의 주인인

낫의 기억

겨울 담벼락에 걸린 낫 한 자루
자르고 쳐내던 푸른 시간의 기록들
낱낱이 벽에 쓰고 있다

숫돌에 갈고 닦은 서늘한 칼날
여린 풀잎에도 닳고 무디어져
마침내 이 빠지고 문드러지지 않던가

잡초 베어내다 느닷없이 자른
알곡의 선혈들이 쓰러져 누운 자리
빗금 그어진 채 아버지 수첩에 빼곡하다
평생 녹슬지 않는

바지랑대

삶이 웅덩이에 빠졌을 때
건져 올릴 긴 장대 하나

때로
삶의 빨랫줄이 느슨하게 쳐져갈 때
떠받쳐 올릴 바지랑대

잠자리처럼 그 위에 앉아서
자식 생 받들고 있는
부모님을 본다

고추 멍석

가을 땡볕 아래 가부좌 틀고
소신공양 중이다

살아있는 다비식으로
제 이름 찾아가는 태양고추들

부모님의 뜨거운 눈물 위에
누워본 사람은 안다

제 몫의 이름값이 어떻게 매겨지는지

별의 상속

어머니의 어머니 그의 어머니가 흰 옷섶 헤치며
뒷걸음으로 마중 나오는 생의 벌판
바람의 어깨 딛고 서서
허리춤 속 귓속말들 꺼내 놓으시고

미처 전하지 못한 천상의 이야기들
하늘 먼발치 어둠의 너울 건너
지상의 꽃으로 날개로 비늘로 자라나고
새벽마당 바지랑대 위로 쏟아지는데

팽팽한 빨랫줄 위에서 작아지는 옷들
아버지가 벗어놓은 푸념과
아버지의 아버지가 걸쳐놓은 한숨과
그 아버지의 아버지가 하다 만
그 옛날 넋두리와 같이 섞이는데

마침내 명당 알아보고 태어난 별들
까치발 들며 자라나고
시간의 배후에서도 여전히 빛나는
창창한 상속

뚝배기

뭉툭한 검은 뚝배기
갈라진 발뒤꿈치 굳은살로
타닥타닥 된장찌개를 끓인다

자갈밭길 가시밭길
맨발로 걸어오신 어머니처럼

뭉우리돌

사납게 거칠고 모난 돌이 있었습니다
깨져 나온 곳 알 수 없는

강 물살에 채이고
흙탕물에 깎이고 헐려서야
상처마다 오롯이 앉아있는 햇살 무늬가 보입니다

잔소리인줄 알았습니다
어머니의 도돌이표 걱정과 한숨소리에
이리 뒹굴고 저리 뒤집히다가
반들반들해진 몸의 나이테를 봅니다

어머니의 닳고 닳은 지문
수천 년을 이어 내려오며 다듬어진
자식은 어머니의 뭉우리돌입니다

배꼽

온천탕에 가면 삶의 연표가 한 눈에 들어온다
누구 눈치 보지 않고 알몸으로 쓰여진 연대기들
뒤죽박죽 섞여도 용케 출생의 순서가 보인다

신생아의 말랑말랑한 배꼽에서 나던 포비돈 냄새
파릇한 소녀들 표정의 덜 마른 소독 냄새로 이어지고
아가씨들 긴 허리 밑 두 다리 사이에도
어쩌면 은밀한 그 냄새 고여 있을지 모른다

젊은 날의 욕망을 주름살 몸뚱이로 바꾼 할머니들은
이제 그 냄새를 찾으러
지구의 양수 속으로 자꾸만
빨려들고 싶었던 게 아닐까

태어난 자리로 다시 돌아가기 위한 여정
젖 먹던 힘 다해 세속의 오염을 벗겨내다 말고
배꼽을 들여다본다
알몸 목덜미만 보아도 용케 찾아지는 어머니가
온천 속에서 오래오래 눈감고 있다

홍시

한 계절 땡감으로 매달려 있던 푸른 시간들이
스스로 무르익어 홍시 되어가고 있다

잘 살았다는 것은
잘 익었다는 뜻일 게다
달고 차지게 부드러워졌다는 말일 게다
툭 떨어져 뭉그러져도
더 이상 미련이 없다는 의미일 게다

땡볕에 온몸 붉은 화상 입고
폭풍우 골절상으로 속까지 문드러져
어느 날 밤 툭,
까치자식들에게 마지막 보시하고
그리 홀가분하게 떠나 가실지도 모를 일이다

별의 내력

2부

아빠 오시는 소리

별의 내력

가난에 대한 예의

– 밥은 잡쉈유?
보릿고개 넘던 인사말이 다시금 유행한다
– 밥은 먹고 다니니?

점심은 굶었던 유년의 겨울

– 친구네서 놀다가도 남의 집 밥 먹을 때는 집에 오는 거야.

친구 엄마가 한사코 밥 먹고 가래도
집에 가서 먹는다고 절레절레 흔들던 고개
가난에 대한 예의였다

허기진 오후는
더 빼또도롬하게 기울어가던

어느 정성에 관한 이야기

제사 지낼 때 알았다
밥 한 주걱 뜨는 법에도 숨결이 있다는 것을

– 일 년에 한 번 받으시는 밥 한 그릇
절대 주걱 엎어가며 푸지 말아라
밥알은 솟지 않게
살살 눌러 고봉으로 떠 드려야 한단다

죽은 사람에 대한 예의뿐이랴

남자 옷은 여자 옷과 섞어 빨지 않는 어머니
삼대독자 아들 앞길 잘 트이라고
아들 속옷부터 빨고 헹군 어머니는

새봄이면 제일 먼저 피는 참두릅 상순 따다
자식들 몫으로 쟁여두신다

밤마다 반복 재생되는 기도의 말로
손가락 불심지 타들어가고
장독대 고요한 뒤뜰
별빛이 그 속내 알고는 더 반짝여준다

행주 밥

엄마 밥사발은 줄지 않아
반찬 한 번 먹고 물마시고
물마시고 빈 숟가락 한 번 빨고

쌀밥 먹이고 싶은 자식 밥사발은
가운데 쌀밥 숨기고
보리밥 꾹꾹 덮어 눌러 펐다는
꽃분이 이야기는 들었는데

엄마 밥그릇 뺏어 보니
행주 위에 살짝 얹어 푼 흰 밥알들
영원히 줄지 않을 저 누더기 밥

홍수

어느 해인가
논바닥 베어놓은 벼 다 휩쓸며 출렁이던 황톳물
돼지까지 꼬약꼬약 소리 지르며
떠밀려가던 대홍수가 있었다

손쓸 틈 없이 불어난 냇가에서
건지는 건 모두 가질 수 있었던 오후

갈퀴며 쇠스랑 들고 나가
벼이삭 하나라도 올려보려고 안간힘 쓰는데

– 죽으려고 환장했어? 안 들어가?
불호령에도 움칫뒷칫 눈치 보며 뒤돌아서지 못했던

행운이 나를 비껴가는 날이면
잡지 못한 돼지들의 비명과 아버지의 불벼락이
지금도 귓등에 쨍쨍 메아리치고

군불

눈 쌓인 겨울 온돌방 덥히려
쫄딱쫄딱 미끄러운 산길
검정고무신 신고 오르는 해거름

꿩 발자국 토끼 발자국 밟으며
언 소나무가지 뚝뚝 분질러

벗겨지는 신발 끌고
생솔가지 이끌고 돌아오면
더 반가워하는 염소들

매캐한 연기 콧물눈물 다 짜다가
지글지글 송진 불붙으면
언 손발 그제야 녹아드는

눈물에 눈물 섞고
뜨거움에 뜨거움 비비며
삶의 아궁이에 군불 지피는 저녁답

똥떡

열 살 넘기던 무렵
화장실이 아니라 변소가 더 가까웠던 무렵
새로 산 운동화 신고 발 한 짝 똥독에 빠뜨렸다

불호령이 겁나 변소 귀신이라도 붙들고 싶은데
몰래 빨아놓은 운동화에 정말 귀신이 붙었는지
엄마는 득달같이 방문을 여셨다

– 괜찮냐?

변소 앞에서 나이 수만큼 똥떡을 먹어야 한다고
그 아침에 밀개떡을 쪄서는
하나요 둘이요 셋이요…

목 막히고 배불러 다 못 먹은 그 떡 때문에
지금까지 화장실에만 가면 붙들려
오랜 시간 셈 치르며 앉아있으니

급성맹장염

없어도 되는 신체 일부에 탈이 났으나
아무도 몰랐다
70년대 민간처방은 배 아프면 술 한 모금 마시는 것
산딸기술 한 잔 들이켜고 차도가 없어
보리 삶은 물, 지푸라기 끓인 물까지
하루해를 꼬박 들이켰다

옆집 할아버지 불러 열 손발가락 다 따고
물만 마셔도 토해 어스름까지 게워낸 후
남동생 시켜 활명수 사왔던 1983년 여름

사시나무 떠는 딸을 담요로 말아 업고
환자는 태우지 않는다는 버스기사와 실랑이 하는
60년대 억척 아줌마 우리 엄마

수술대 위에 누운 건지 버스에 누운 건지
가물가물해지는 의식보다 먼저 두려웠던 게
소 한 마리 값의 맹장수술 비용이던 그 때

시대보다 뒤처지면 고통의 화인으로 남는다는 걸
옆구리 흉터는 아침저녁으로 일깨워준다

우산

학교 갈 때 내리는 가랑비는 무섭지만
집에 올 때는 소나기도 두렵지 않아

빗살 다 빠진 우산, 찢어진 우산이라도
식구들 수보다 항상 부족했던 우기

지푸라기 도롱이 쓰고 하굣길 마중 나온 엄마
서로 쓰라고 밀치다 팽개쳐버린 우산 하나

빗속 길 뛰어가다 말고 뒤돌아보면
지금도 엄마는 우산이 되어 서 있는데

오래된 리어카

손수레라고 부르기보다는
리어카도 아닌 리아까, 니야까가
우리 동네 표준말이었던 후미차

사람 키보다 높게 볏단 싣고
아버지는 끌고 어머니와 우리들은 밀고

구령에 맞춰 영차영차
목소리 더 커지는 가파른 언덕에서는
엎어질 듯 용쓰며 밀어대야 올라가던

지그재그로 길잡이 하며
겨우 넘어가던 니야까가
아침마다 문 앞에서 기다리는데

하루해가 유난히 긴 날
아빠의 오래된 응원 소리 들린다
– 다 왔어. 다 넘어왔어. 의엿차! 읫차!

고등어찌개

찌개와 조림의 차이 알아요?
첫딸내미 처음 대학 들어갔을 때
자취방 이사시켜주고 가시다 다시 돌아오신 아버지
고등어 한 손 들려 있었습니다
가다가 고등어 장수를 만났노라고
갑자기 고등어찌개가 드시고 싶어 되돌아왔노라고

한 번도 끓여본 적 없어 김치만 넣고 끓인 비린내탕
참 맛나다고 다 비우셨지요
그리고 그 밤 서먹하게 뜬 눈으로 새우시고는
부랴부랴 새벽차 타러 나가셨지요

다 닳은 구두축이 눈에 거슬려
아빠는 왜 창피하게 헌 구두 신고 다니시냔 타박에
– 찌개는 국물이 적어야 더 맛있다 졸여야지 졸여야…

가끔 삶에 간이 필요하다싶을 때 생각나는 고등어
짜면 물 더 붓고 싱거우면 더 졸이는 찌개처럼
그리 살아왔고 또 살아갈 아버지와 저
그래서 참 많이 닮았습니다

잔소리

쌀 한 섬이 두 가마가 되고
한 가마도 무겁다고 네 포대로 나누어 담더니

1kg짜리며 500g짜리며 봉지쌀로 바뀐 시대

담는 포대 달라진다고
한 톨 쌀에 들어있는 의미 바뀔까

아무리 나이를 잡숴도 줄지 않는 걱정소리
잘 되어라 더 잘되어라
잘게 더 잘게 나누어 외시는 신새벽 독경소리

저울

어머니 긴 한숨
근수 한 번 달아볼까

앉은뱅이저울에는 앉을 수 없고
장대저울 추는 어디로 갔나

천근만근 줄지 않는 그 무게
잴 저울 없더니
이제 눈금이 움직이지 않네

뜬금없어 못 재는 자식 걱정

다듬이 소리

하얗게 불면이 우거지는 밤이면
가슴속에서 두 방망이질을 해 댄다

무언지 모를 그리움의 높이만큼 자라난
삭정이 가지 딱딱 부러지는 소리
전정가위 날 부딪히는 소리

풀 먹여 빳빳해진 분노를 뒤집고
한숨눈물 뿌려가며 두드려대는 다듬이 소리

할머니와 엄마가 맞잡고 있던
구겨진 옥양목 천 쪼가리들이 달려와
가슴 속 다듬잇돌 위에 눕는다

엎치락뒤치락 접었다 폈다 갰다
토닥토닥 백발로 변해가는 세월 소리

가위춤

밥상 위 젓가락이 달려가는 소리로
시간이 열리고 닫히는 삶의 적막공간
끼니를 잇고 끼니를 풀기 위해 실마리를 찾는다

통째로 놓여 아무도 건드리지 못하는 총각김치에
가위들고 오신 밥상머리 어머니

잘게잘게 나눌수록 돋는 즐거움의 첫머리엔
언제나 어머니가 실타래를 잡고 계신다

밥상을 넘나드는 저 가뿐한 가위춤

아빠 오시는 소리

드르륵 드르륵륵 낡은 오토바이 멈추는 소리
타닥 크극 받쳐놓고 열쇠 빼는 소리
어흠 흠 헛기침 한 번
삐이걱 대문 여는 소리
다시 쿠긍쿵 빗장 닫는 소리
뚜벅뚜벅 뜩뜩 앞뜰 지나
드르르 방문 여는 소리

저 반가운 소리 듣고 싶어
가끔 친정집 가서 귀 기울이면
앞마당 주차된 자가용 보시고는

드륵 크 삐걱 뜩뜩
어느 결에 들어오셨는지
– 큰애 왔냐?

저녁마다 할머니가 아빠 기다리시다가
먼저 방문 열고는
– 애비 왔냐? 하시던 그 목소리

별의 내력

3부
끈

별의 내력

부부싸움

부모님 싸우시는 날에는
자갈밭 쇠스랑 부딪치는 소리가 났다

아무리 모질게 긁어내도
다시 제자리인 그 밭에
반백 년 성을 쌓아서일까

이제는 귀 기울여도
어떤 소리도 들리지 않는다

쇠스랑이 다 닳았는지
자갈밭이 황토밭 되었는지

굴비 밥상

굴비인줄 알았더니 어머니였다
짭조름하게 땀 냄새 나는 비늘을 헤치고
등뼈를 꾹꾹 눌러 살점을 털었다
남김없이 다 발라먹고 나서도 성에 차지 않는지
아이는 내 눈을 젓가락으로 콕콕 찌른다

– 머리는 두 개인데 왜 몸통은 하나야?

어느새 접시 위에는 내가 누워있었다
소금을 털어낸 생것의 몸으로
간신히 아가미만 팔딱이는 내가
아이에게 말하고 있었다

– 다른 거 먹어

하품을 하면서도 아이는 포기하지 않고
볼살 발라 달라 떼를 쓰고
어머니는 겨우 남은 머릿살을 들이밀었다
사이좋게 밥상 위를 헤엄치다가 문득
아직도 어머니 뱃속인 줄 처음 알았다

끈

탯줄을 끊어 세상과 이어주면서
품었던 생명은 첫 숨을 들이마셨다

내 손으로 하고 싶어도 할 수 없는 일은
두고두고 평생 업으로 갚게 되는지
보채지 않아도 미리미리 끊어주고 덧이어
어미의 등을 건너게 해 주는 일

날마다 새로이 첫 가위질을 하는 아이의 끈을
어미는 즐거이 맞들고 있다

민달팽이

엄마의 비닐하우스에 자라는
무, 상추, 쑥갓, 아욱…

나는 복면도 없이
무기도 없이
협박 한 마디 안 하고
채마밭을 접수해버린다
달랑 검정 비닐봉지 하나만 쥐고서

작은 도둑에게 건네는
어머니의 따뜻한 음성

– 붉은 상추보다 푸른 상추가 더 맛있어야
달팽이 봐라 푸른 것만 뜯는 거
내 입맛이랑 달팽이 입맛이랑 어쩌면 그리 똑같다냐

영원한 피의자 앞에 주섬주섬 다 내놓는
민낯의 달팽이
비닐하우스로 돌돌 몸 말은 민달팽이였다

물꼬

삽교천 수로에 물꼬 열리는 봄날이면
남산리 경로당 문 닫히고
마을회관 문 닫히고

논배미 머리에 삽 든 아저씨, 할아버지들
정수리배기에 물 적실 때까지
삽 들고 서 계실 모양이다

논머리 풀어 흠씬 감겨주고
논두렁 가르마 잘 빗겨 넘긴 사이사이

석양의 물꼬가 터졌는지
옥녀봉 하늘도 온통 붉은 바다다

어떤 증여

사십여 년은 족히 넘었을 새 그릇
어머니는 다락방에 잠재운 양은 다라이 하나를
깨워 들려주신다

– 나 죽으면 아무도 안 가져갈 테지만 아까워서…
소싯적 첫 그릇 장사하고 받은 품삯이란다

중금속 범벅의 무게조차 버거운 은빛 대야를
전혀 쓸 일이 없음에도 끌고 와서는
엄마처럼 또 베란다 한 귀퉁이에 모셔둔다

새 그릇으로 태어나 새 그릇으로 살다가
새 그릇으로 생을 마감할 저 그릇
흠집 없는 어머니의 각오가 담겨있다
아무리 부어도 넘치거나 줄지 않을 계영배처럼

다음 장날에

가지고 나간 수수며 좁쌀 다 팔면
솜사탕 사준다는 엄마 약속에
졸래졸래 따라나서던 오일장

물방개가 숨어든 쪽으로 걸어가면
곤달걀 파는 할머니 계셨지
털 숭숭 박힌 병아리 사체가
반갑게 아는 체하는 바람에
놓쳐버린 유년의 이야기들

풀빵은 비싸다 안 사주고
솜사탕은 배 안 부르다고
다음 장날에 또 다음 장날에

내가 돈 벌면
좌판의 메추리구이와 막걸리 한 잔
폼 나게 한번 먹어보리라 기약했건만
지금도 합덕 장에 가면
이 사람 저 사람 둘러보다가
다음 장날에 또 다음 장날에

닭 날개

– 엄마 이제 날개 뜯지 말고 다리 드셔.
– 옛날 드라마를 너무 많이 보았구나. 아들아
엄마는 진짜로 날개가 좋다니까.

부모들은 밥 때가 되면 용케 배가 부르고
음식마다 시시때때로 알레르기가 생기는지
못 먹고 안 먹는 편식쟁이에 꾀병쟁이였었지
자식 앞에선

눌은밥을 아직도 좋아하고
새우대가리 과일껍데기 하나 못 버리는
네 할머니들만 빼고 말이지

옥신각신 아웅다웅 사이를 날아다니는 닭 날개
훌훌 죽어서야 날 수 있는 것이
어디 닭 날개뿐이겠나

친정 가는 길

어머니 등허리 같은 고샅길엔
멧새, 산까치, 지빠귀 울고
논에는 우렁이 새끼들 바글바글합니다
종아리에 거머리 붙었다고
팔짝팔짝 발 구르던 숫돌둑엔
어린 청매실 송알송알 맺혀 있고
삐비꽃 통통하게 흰 속살 오르고 있습니다
세상이 던진 돌멩이에 맞을 때마다
내가 나를 따돌려 데려다 놓는 곳
– 잘 붙잡어. 떨어지지 않게!
어느새 세상 한 귀퉁이 부여잡고
아버지 자전거에 매달리듯 휘파람을 붑니다

숨바꼭질

꾸중 들은 날은 혼자서 숨바꼭질을 한다
대나무 밭에 숨은 뽕나무
매달리기 좋게 자란 나뭇가지에 걸터앉아
머리카락 보일라 꼭꼭 숨어라

다리 아래로 지나가는 건들건들 댓바람
모르는 척 눈감고 건너가고
머리 위에서 망보던 오디 열매
들킬까 말까 조마조마 붉어가는 사이

– 찾았다 언니야, 엄마가 밥 먹으래

영원히 술래인 엄마는 밥의 덫에서
빠져나오지 못하고
이제는 내가 덫에 걸려 엄마와 한 편이다

– 못 찾겠다 꾀꼬리

부모님이 고마운 때는

하는 일은 선생질인데
아이들한테서 더 많이 배운다

교과서에 그런 질문이 있었다
언제 부모님이 가장 고마웠냐는

돌아가며 한 마디씩 답을 시키는데
아버지 일찍 여윈 한 녀석의 천둥대답
– 그냥 옆에 있어주면 고마운 거 아닌가

헌 신발

엎드려 파밭 매시는 어머니
땀에 들러붙은 등허리가
하현달로 굽어 있습니다

기우는 일만 남은 달빛에서
이따금 몽돌해변의 파도 소리 들려옵니다

뼈와 뼈 사이를 돌아 나오는 바닷물
채 익지 못한 어머니의 젊은 날들이
차르르차르르 다 빠져나가버리고

맨질맨질 닳아빠진 관절만
소금눈물 쥐어짜고 있습니다

흙 묻을까봐 벗어놓은 헌 신발
저문 밭둑에 등대불로 깜박입니다

아버지의 고무장화

강물이 흐른다
별무리 쏟아진다
논두렁을 걸어오신 아버지
갈라진 발바닥에서
무논 개구리가 운다

땀 차서 벗겨지지 않는
장화를 잡아당기면
수수밭 허수아비
휘청 옆으로 넘어지고
젖은 양말은 저녁마다
허물을 벗는다

모로 누워 잠든
아버지의 흙 장화
평생 가슴앓이에 말라버린
뒷마당이 횅하게 넓다

말이야

말이 시간의 말을 타고 내려온 말
말이야, 그런데 말이야

큰 이모는 고추장 된장 오 년씩 십 년씩 묵혀서
이질녀까지 챙겨주는데 말이야
엄마는 말이야

작은 이모도 육 년씩 묵은 도라지 구해다
도라지청까지 만들어주는데 말이야
엄마는 말이야

어렸을 적 수없이 들었던 말
저 앞집 현희는 공부도 잘하는데 말이야
숙이는 살림도 잘하는데 말이야
정숙이는 말도 잘 듣는데 말이야…

이제 시간의 고삐를 거슬러 쥐며
그대로 갚아주는 말이야, 말이야
그런데 말이야

별의 내력

4부

외딴지 조가비

삼월리 꽃분이

꽃분이는 팔남매를 낳았다지요
내내 그믐달이다가도 잠깐 달빛 드는 밤이면
설익은 강물 출렁였다지요
늘어나는 입이 겁나 간장물 대접으로 마시고
언덕배기에서 굴러도 안 떨어지는 태몽들이
안동김씨 팔남매를 키웠다지요
딸이면 엎어죽이겠다 엄포 놓은 꽃분이는
문고리 잠그고 혼자 해산방에 들기도 했다지요
손녀딸보다 늦게 얻은 막내아들 젖배 곯리며
숨죽인 눈물한숨도 숱하게 쏟으셨다지요
제삿날이면 토방까지 가득한 자손들
단지에 국 담고 채반에 밥 푸던 세월들은 다 자라
여우비처럼 잠깐인데
그리운 외할머니 꽃분이는 저승에서 살다가
보름달 옆에 붙어 잠깐잠깐 떠오르기도 한다지요

꽃분이의 기도

여덟 귀퉁이 한 귀퉁이라도 떨어지지 말게 해달라고
파리 손 빌 듯 겨울에도 정한수 떠놓던 꽃분이
맵고 더운 손끝으로 팔남매 키우셨네
덜 여문 마늘 잎새 따고 상추 잎사귀 뜯어다
학교 다니는 아들들 촌지로 바치며
꽉꽉 채운 쌀독 꿈 꾸셨네
집안 살림은 큰딸에게 맡기고
바깥 살림은 둘째 아들 둘째 딸에게 내어놓고
삯바느질 품삯 요리 다니며
뱀 머리 되지 말고 용꼬리라도 되어라 되어라
사는 곳이 개천이라도 승천의 길 있다 있다
외손주들에게까지 당부하던 그 말씀
꽃분이 딸은 그 기도를 이어 기둥만 봐도 조아리고
그 딸의 딸로 이어 내려오는 용오름의 기도
그러나 세상 바뀌어
용꼬리 말고 뱀 머리가 되게 해주세요
무엇이라도 우두머리가 되게 해주세요
스스로 용인 줄 알고 등용문으로 나가게 해주세요

며느리밥풀꽃

팔남매 맏딸을 외아들하고 결혼시키면
배는 곯지 않겠다 싶어 보낸
새로운 땅 신평으로의 시집이었단다

홀시어머니 깐깐한 눈초리 뒤에서
아기 안고 서 있는 파릇한 새댁을
흑백사진 속에서 만난 날

밥알 입에 물고 꼼짝달싹 못하는
며느리밥풀꽃을 보았다

친정에서는 보리밥, 시래기죽이라도 세 끼씩은 먹었는데
홋홋한 시집은 점심 건너뛰고 김치죽 먹는 집

금낭화의 전설은 아직도 살아있어
평생 삼키지 못하는 엄마 입 속 밥알들
그 밥알 꺼내 먹이며 자식 넷을 키워냈다

싸라기도 쌀이다

살구꽃 흐드러지게 핀 날
멀리서 친정 엄마 꽃분이 딸네 집 오더란다

저녁으로 김치죽 끓이다 말고 퍼서
후다닥 장독대에 바가지 덮어 숨기고는
부리나케 쌀로 밥을 지었단다

하필 장독 검사를 하셨는지 들켜버린 김치죽

밥 먹고 사는 줄 알았더니
쌀밥 먹고 사는 줄 알았더니
꽃분이는 사위한테 따졌더란다

밤톨 같은 첫사위 하나도 지지 않고
– 그래도 우리는 싸래기죽 먹어유
보리밥보다는 쌀이 낫잖유~

개자리 귀퉁이

그건 내 새끼 자리 아니다
개자리 귀퉁이에서 내 새끼 밥 먹는 꼴 못 본다고
아글아글 바닥바닥 남편을 갈궈도
엇선비 지아비는 눈도 꿈적 않고

양반가 자식들은 마실도 아무 곳이나 가면 안 되고
아무나 만나서도 안 되고
안동김씨 외할아버지는 끝까지 지체를 버리지 않았단다

같은 양반 전주이씨 꽃분이는 식모살이까지 하며
새끼들 구하기에 나섰는데

쓰레기더미에서 배추이파리 주워 김치 담고
품삯 된장 얻어다 국 끓여놓으면
그거 안 먹는다고 밥도 안 먹고 나가버리는 새끼들

결국 꽃분이가 평생 앉았던 곳이 개자리 귀퉁이였다
눈칫밥 눈물밥 먹는 머슴의 자리

살풀이

당진에서 가장 명문고 나온 셋째 아들
이상스럽게 앞길 안 풀리는 이유가
흉살 때문이라 믿은 꽃분이

살풀이 돈 마련하려 딸네 집 순례에 나섰는데

큰딸 시어머니 뭐 뜯어가지 않는가 호시탐탐
단둘이 있을 기회조차 안주고
시어머니 화장실 갔을 때야 간신히
창호지 문 찢어진 자리로 딸이 던져준
지폐 몇 장 숨길 수 있었단다

둘째 딸에게는 대성통곡으로 눈물바람하며
곡식 몇 됫박 얻어다 팔고
겨우겨우 살풀이 해주었건만

정작 당신에게 닥친 액은 막지 못해
위암으로 돌아가신 외할머니
지금은 어느 딸네 오셔도 속 끓일 일 없건만

흑설탕

깜깜한 밤 무섭지 않다
거칠고 쓰라린 삶도 두렵지 않다
흑설탕 한 숟가락 가지고도 싸우던 엄마와 외할머니
그 두 여자가 내 안에 버티고 있다

손님 오면 설탕물이나 가루 오렌지 물 타서
나누어 먹던 궁핍한 시절
쪽머리 야무지게 올린 외할머니가 오셨다

조금이라도 더 넣으려는 엄마와
숟가락 뺏으며 설탕이라도 아껴주려는 외할머니
너무 달다고 못 먹겠다는 맹탕 설탕물은
외손자 차지가 되었다

있는 척, 잘사는 척하는 엄마와
걱정 없는 척, 안 아픈 척하는 외할머니
다 알면서 모르는 척하는 내가
내 안에 살고 있다
서로가 서로의 탁본인 것처럼

절미항아리

부뚜막 뒤에 놓인 작은 항아리
밥 할 때마다 쌀 한 움큼씩 집어넣은
절미항아리

그 검은 배 불러갈 때마다
엄마 배는 곯아갔는데

장례식장 유골함에서 절미항아리를 보았다
이 땅 부모들 뼈의 내력

김치 수제비

화력 좋은 콩대와 깻단으로
가마솥 달구는 아궁이
매캐한 연기에 고개 내두르며
어머니는 종종 밀가루 반죽을 뜨셨다

보릿고개 사라진 한여름 고개에도
신 김치 볶고 짠지 썰던 가난한 부뚜막

배부르게 먹으라고 제일 큰 대접에
넘치게 떠주신 김치 반 수제비 반의
헐거운 점심

김치 싫다고 골라놓는 새끼들 그릇에
밀가루 건더기 한두 개씩 얹어주다 보면
어머니 그릇은 항상 멀건 김치국이었다

멀떡국으로 배 채우고
다시 일 나가는 어머니 허리
수제비 뜰만한 살 한 점 없었다

외할머니네

외할머니 돌아가신 지 삼십여 년 되었어도
외할머니네라 부른다네
외사촌오빠 죽은 지 수년도 더 되었는데
어린 오빠댁은 지금까지 새언니라네

감나무를 베어버렸어도 감나무집
방앗간 사라진 방앗간 집에는
이름 모르는 새들 여전히 이름을 못 찾고

죽은 사람과 산 사람 나이가 바뀌어도
처음부터 불렀던 그 이름
할머니 할아버지 엄마 아빠

내가 할머니가 되고나도
나를 외할머니라 부르는 손자손녀는 없어서
더 그리운 곳, 외할먼네

박태기나무

엉덩이를 궁딩이 방딩이라 부르던 할머니
때로는 궁딩이가 엉뎅이 되어 톡톡 맞거나
방딩이가 지지방구리 지지방탱이 방탱구리 되어
뒹굴던 소녀기의 봄

방탱이 밥팅이 박티기 박태기
발음이 새는 할머니는 어느 날
방뎅이 큰 여자의 헌 빤스를 하나 가지고 와
손자타령을 하셨다
아들 셋 낳은 여자 빤스를 입으면 아들 낳는다고

무늬 없는 허연 빤스에서 박태기꽃이 보였다
엉덩이에 주렁주렁 튀밥을 단 나무
원숭이 궁뎅이처럼 빨간 박태기꽃이
울그락불그락 내 얼굴에도 피었다

학교에서 배운 남존여비 남녀차별을 입에 되며
그 빤스 갖다버리고 바락바락 악쓰던 봄
열 꽃나무 안 부러운 봄의 딸나무다

아욱 된장국

아욱줄기 억센 껍질 벗겨내고
쌀뜨물에 바락바락 치대다가
너른 잎사귀 촘촘히 박힌 등뼈가 아려오네

풋내 나는 몸이었을 무렵
등살에 한 움큼씩 돋아나는 꽃대궁
할머니는 박박 문질러 씻기셨네

아프다고 소리라도 지를라치면
속살 물러터지면 안 된다고
엄살떨지 말라 후려치던 등짝
그때나 지금이나 꽃은 보이지 않지만

바윗돌 손바닥과 손가락 마디 사이
아무리 짠 소금으로 비벼도 흩어지지 않는
맨살의 통증에 된장 풀어
슬며시 뚜껑을 닫았네

숭늉

욕쟁이 할머니가 우리 할머니
스물일곱에 청상 되어
험해진 입술을 누가 말리랴

지 애비 등골 빼는 년이란 소리
아직 귀에 쟁쟁해
할머니 무덤가 가기도 두려운데

숭늉 밑에 가라앉은 밥찌끼도 아까워
한 양재기 물 다 들이켜던 할머니

이제는 밥 태울 일도 없고
숭늉 만들 일은 더더욱 없는데
가끔 뜨거운 숭늉 들이켠 것처럼
목구멍이 화닥화닥 아픈 이유는

다식茶食

송홧가루 흑임자가루 꿀로 치대어
다식판에 눌러 만든 꿀과자

사진 찍으면 영혼 나간다고
다식처럼 꾹꾹 박아놓으면
돈이 생기냐 밥이 생기냐
카메라 들이댈 때마다
눈 흘기시던 할머니

사진 속 다듬던 열무는
밭으로 걸어갈 듯 싱싱하기만 한데
플래시 터질 일 없는 땅속에서
아빠 전화번호 꾹꾹
밤새 눌러대고 있지는 않은지

똑같이 생긴 무덤이 다식 같은
하루하루 죽음을 찍어내고 있는
다식판 속의 다식판에게

댕댕이 덩굴

친정집 누다락에 아직 걸려있는 댕댕이바구니
40여년쯤 되었을까
할머니는 어린 손녀 데리고 피천산으로 망객산으로
댕댕이 덩굴 끊으러 수풀 헤집고 다니셨다

길 잃으면 문둥이한테 잡혀가서 먹힐까봐
힘 센 할머니 꼭 붙어서 따라다니던 길

떫은 개암열매 따서 씹으며
뱀도 만나고 다람쥐도 쫓으며
누가 더 힘줄 굵은 넝쿨 찾는지
해반닥해반닥 헤매던 길

그 길이 할머니 친정동네 근처라는 걸
다 커서 알고는
할머니에게도 자석처럼 끌리는 어머니가 있어
자기장 안에서 맴돌이 하셨구나
아무리 멀리 벋어도 뿌리를 벗어나지 못하는
댕댕이 덩굴처럼

생인손

땅콩밭 추수 끝난 뒤 혹시 남아 있을지 모를
땅콩 이삭 캐러 온 밭을 다 뒤진 날

알뜰하게 휩쓸어 간 자리에 무슨 낟알맹이 숨어 있을까만
혹시 모를 땅콩 한 개 얻으려고
땅에 엎드려 굽신굽신
두 손으로 받들어 퍼 올린 흙이랑

손주가 생인손 앓으면 할머니는
달걀껍데기 구멍 뚫어 씌워주고는
두 손으로 받들어 호오호오
허공에 대고 굽실굽실 불어주셨다

땅콩알 같은 어린 아들 둘씩이나 저승에 먼저 보내고
손주들 손가락에 가시만 들어가도
빨고 불며 손바닥을 다 핥아주신 할머니
당신 삶은 정작 피고름 투성이였던

감꽃

빨리 떨어져라 빨리 떨어져라
꽃 떨어진 자리 감 자란다

얼마나 컸나 올려다보면
팔락팔락 감잎사귀 반짝이고

배꼽 같은 하얀 꽃 밑에
더 배꼽 같은 아기 감 있어

우리 새끼 배곯는다 배곯는다
허공에 빈 젖 물리시던 우리 할머니

감자꽃

청보리 넘실넘실 들밭 옆에
감자꽃 피었다
웅큼웅큼 무더기로 자란 꽃
씨알 굵게 피었다

허기진 조상의 넋이었을까
감자꽃 따줄 때면
눈이나 손보다 먼저
가슴이 욱신거린다

고랑고랑마다 꺾인 꽃 밟고
파슬파슬 익어가는 한낮의 태양
가르마에 얹은 동네 할머니들

땡볕 아래 메마른 창자 서리서리 묶어 안고
지금은 땅속에 고이 잠드신

외딱지 조가비

모래펄에 나뒹구는 조개껍질들
모두 외딱지다

헛꿈 꾸다 깨버린 새벽녘
먼저 깬 할머니의 굽은 등에서는
바다 냄새가 났다
짜고 쓴 인생의 바닷물에 휩쓸려
혼자 견디다 마침내 홀로 남은

조가비 무덤에서 할머니를 찾았다

하루가 끝날 때

땅거미 어슬렁어슬렁 내려온다고 하루가 끝난 게 아니다
어둠이 울타리 치고 지붕 위에 별들 몇 개 올렸다고
하루의 마침표가 되는 것도 아니다

자귀나무 잎사귀 포개져 깊어지고
골목길 가로등 해쓱한 새벽까지
길어질 수 있는 하루
이미 살아온 날들보다 긴 하루도 있다

내 새끼 신발이 대문 안으로 들어와야 비로소
어미는 불을 끄고 반듯하게 하루를 접을 수 있는 것이다

별의 내력

해설

우리 모두는 내력이 있는 별

이 순_시인

1

어디 사는지도 몰랐고 나이도 차이가 나는 사람, 어쩌면 평생 만날 일도 없을 사람을 한 스승 밑에서 만나 그 인연으로 동무가 되었다. 박 시인은 나이는 나보다 어려도 볼 때마다 야물딱지고 인사성 바른 사람이라 허술한 내가 배울 점이 많다. 무엇보다도 언어가 풍부하고 사고가 깊어 거미처럼 술술 시를 뽑아내는 것을 보면, 함께 공부를 하면서 그 재능이 부러웠다.

우리가 천안에서 김재홍 선생님을 모시고 한 달에 두 번씩 만나 한참 공부를 하던 즈음이 생각난다. 박 시인은 올 때마다 빈손으로 오는 법이 없이 언제나 무언가를 챙겨 왔다. 떡이며 식혜며 삶은 감자 등 간식거리를 비롯해서 쌀, 마늘, 고구마까지 항상 무언가를 손에 들고 왔다. 바쁘게 일하다가 시간 맞춰 허둥지둥 달려가기 바빴던 나로서는 참 신통하기도 하고 미안하기도 하여, "이것들이 다 뭐래?" 겨우 입으로 인사를 때우면, 박 시인은 꼭 "부모님이 챙겨 주셨슈." 별스럽지 않게 말하곤 했다. 그 말에서는 딸이 시를 공부한다고 왔다갔다하는데, 그 스승께 뭐라도 마음을 표현하고자 이것

저것 챙겨 주시는 어머니의 염치, 딸이 큰 시인이 되기를 바라는 아버지의 염원이 전해졌다.

그 부모님께서 마침 동갑이시라 올해 두 분이 칠순을 맞게 되었다. 건강하게 '그냥 옆에 있어주'(「부모님이 고마운 때는」)시는 부모님께, 시인을 낳고 키우셨으니 시로써 보답 받아 마땅하다고 부지런히 준비해서 시집을 상재하며, 나에게 뒤에 실을 몇 줄 원고를 부탁하였다. 나는 평론이란 것을 써 본 적도 없거니와 시인이 내게 청탁한 것은 평론가에게 한 것이 아니라 같이 공부한 동무에게, 시인을 잘 알고 시인의 사람 됨됨을 잘 아는 '언니'에게 부탁한 것이므로 이 글은 문학적인 평설이 되기보다는 사적인 영역을 더듬는 것임을 먼저 밝힌다.

2

이 시집 전체를 관통하는 한 단어를 꼽으라면 나는 보살행의 하나인 '보시'를 꼽겠다. 부모의 시간은 자식을 낳는 그 순간부터 오롯이 아래로 흘러 자식을 먹이고 입히기 위한 피땀으로 바쳐지기 때문이다.

> 땡볕에 온몸 붉은 화상 입고
> 폭풍우 골절상으로 속까지 문드러져
> 어느 날 밤 툭,
> 까치자식들에게 마지막 보시하고

그리 즐겁게 떠나 가실지도 모를 일이다

—「홍시」 마지막 연

생애 전체를 자식을 위해 내놓는 부모의 삶을 '희생'이라고 하기에는 적절치 않다. '희생'이라는 단어에는 약간의 피해의식이 있다. 안 해도 될 일을 했다는 피해의식 말이다. 그러나 시인이 부모님의 생애를 말하는 '보시'는 주어서 기쁜 것, 아무것도 바라지 않고 그냥 주고만 싶은 것, 그리고는 주었다는 사실조차 인식하지 못하는 이른바 '무주상보시無主相布施'인 것이다.

삶이 웅덩이에 빠졌을 때
건져 올릴 긴 장대 하나

때로
삶의 빨랫줄이 느슨하게 쳐져갈 때
떠받쳐 올릴 바지랑대

잠자리처럼 그 위에 앉아서
자식 생 받들고 있는
부모님을 본다

—「바지랑대」 전문

시인은 생의 고비마다 '바지랑대'가 되어 아무런 대가 없이 혼신의 힘으로 지탱시켜 준 부모님을 생각한다. 아울러 그런 부모님을 보며 자신 또한 자식에게 바지랑대가 되고자 하는 다짐을 하고 있는 것이다. 여기서 부모님은 비단 시인의 부모님뿐 아니라 이 세상의 모든 부모님이며, 나아가 자식을 키우고 있는 자신에게까지 확장되고 있다. '잠자리처럼 그 위에 앉아서/자식 생 받들고 있는/ 부모님을 본다'는 것을 아는 때는 그도 이미 부모가 되어 있을 때이기 때문이다.

3

호랑이는 제 새끼들에게 사슴을 쫓는 법을 가르치고, 수리는 제 새끼들에게 하늘을 나는 법을 가르친다. 마찬가지로 사람도 그 부모로부터 살아가기 위한 삶의 지혜와 원리를 배운다. 이 시집은 마침 부모님께 바치는 글을 모은 것이므로 틈틈이 섞여 있는 부모님의 이야기를 통해 시인이 부모로부터 무엇을 배웠는지 엿볼 수가 있다.

– 전략 –

점심은 굶었던 유년의 겨울

– 친구네서 놀다가도 남의 집 밥 먹을 때는 집에
오는 거야.

친구 엄마가 한사코 밥 먹고 가래도
집에 가서 먹는다고 절레절레 흔들던 고개
가난에 대한 예의였다

허기진 오후는
더 빼또도롬하게 기울어가던

–「가난에 대한 예의」 부분

시인은 부모로부터 예의를 배웠다. '친구 엄마가 한사코 밥 먹고 가래도' 집에 와서 밥을 굶을지언정 '절레절레 흔들던 고개'는 허세가 아니라 '가난에 대한 예의'였던 것이다. '허기진 오후'를 달래며 비굴하지 않게 자존심을 지킨 것이 아니라 단지 예의, '가난에 대한 예의'라기보다 '가난한 부모에 대한 예의'를 지킨 것이다.

– 전략 –
전쟁터를 한 번도 벗어나 본 적 없는
퇴역할 즈음의 최고참이 되었지만
신념 하나는 늘 초년 훈련병이다

– 지들이 암만 늘어나봐라 누가 센지
한 발자국이라도 부지런한 사람이 이기더라

저 강요 없는 가르침

–「잡초와의 전쟁」 부분

어느 해인가
논바닥 베어놓은 벼 다 휩쓸며 출렁이던 황톳물
돼지까지 꼬약꼬약 소리 지르며
떠밀려가던 대홍수가 있었다

손쓸 틈 없이 불어난 냇가에서
건지는 건 모두 가질 수 있었던 오후

갈퀴며 쇠스랑 들고 나가
벼이삭 하나라도 올려보려고 안간힘 쓰는데

– 죽으려고 환장했어? 안 들어가?
불호령에도 움칫뒷칫 눈치 보며 뒤돌아서지 못했던

행운이 나를 비껴가는 날이면
잡지 못한 돼지들의 비명과 아버지의 불벼락이

지금도 귓등에 쨍쨍 메아리치고

－「홍수」 전문

앞의 두 시에서 시인은 아버지로부터 배운 '부지런함'과 '안분安分'을 말한다. 아버지는 주저앉지도 지레 낙심하지도 말고 국으로 부지런할 것, 안 될 것 같아도 처음 먹은 마음으로 부지런히 해보라는 교훈을 준다. 또한 그리 했음에도 불구하고 끝내 내 것이 안 되었을 때, 살다보면 만나게 되는 '행운이 나를 비껴가는' 것 같은 때는 이미 떠나버린 것에 집착하거나 미련을 갖지 말고 그 행운이 비껴가면서 나에게 닥쳤을지도 모를 불행도 함께 가지고 갔을 거라 생각하라는 깨달음을 준다. 시인은 아버지는 입으로 '강요'하지 않고 몸을 숙여서 가르친다는 것을 알아챘다. 학교에서 아이들을 가르치는 일을 하는 시인으로서 아버지의 그런 가르침의 태도에 절로 머리가 숙여졌을 것이다.

부지런히 일하고 욕심내지 않는 삶의 방식은 학교나 큰 스승에게서 배운 것이 아니라 몸으로 터득한 교훈이고 세월이 가르쳐준 지혜로, 부모만이 자식에게 줄 수 있는 유산인 것이다.

4

우리 부모님의 세대는 왜 그리 험난하고 힘들었던지. 배고픔과 가난을 이기고 내 자식에게만큼은 가난을 대물림하지 않고자 몸 돌볼 새 없이 부서져라 일하고 끝내 무너진 부모님은 비단 시인의 부모님뿐 아니라 이 땅을 살아오신 모든 부모님의 생애이다. 그 부모님들의 아픔을 시인은 다음과 같이 쓰고 있다.

통풍에 갇힌 아버지 발등에 싹이 돋았습니다
관절마다 밀고 나온 천둥벌거숭이 염증들이
흙의 뼈마디마디 사이를 헤집었나봅니다
화닥화닥 통증 굳어 휘어진 발목 위로
푸른 멍 줄기 줄줄이 흘러내려
흙 안에 똬리 틀고 독기 가득 품었습니다
오로지 새끼들 하나 잘 키우겠다는 욕심으로
발가락이 뿌리가 된 아버지의 생강발
울퉁불퉁한 아버지의 세월이
바람만 불어도 움찔움찔 소복하게 부어오릅니다
주름살투성이 저 뿌리알
서릿발 하얗게 내릴수록 몽그라진
천리향 생강내는 또 어떻게 말로 다할지

—「생강발」 전문

통풍으로 고통받는 아버지의 발을 보며 아버지가 걸어오신 길을 짐작하던 시인은 안타까움에 어쩔 줄 모른다. 나는 시인이 이 시를 쓰면서 눈물을 흘렸을 거라고 생각한다. '천리향 생강내'는 울지 않으면 맡을 수 없는 영혼의 향기이겠기 때문이다.

그러나 한편으로는 이런 시도 있다.

드르륵 드르륵륵 낡은 오토바이 멈추는 소리
타닥 크극 받쳐놓고 열쇠 빼는 소리
어흠 흠 헛기침 한 번
삐이걱 대문 여는 소리
다시 쿠긍킁 빗장 닫는 소리
뚜벅뚜벅 뜩뜩 앞뜰 지나
드르르 방문 여는 소리

저 반가운 소리 듣고 싶어
가끔 친정집 가서 귀 기울이면
앞마당 주차된 자가용 보시고는

드륵 큭 삐걱 뜩뜩
어느 결에 들어오셨는지
– 큰애 왔냐?

저녁마다 할머니가 아빠 기다리시다가

먼저 방문 열고는

— 애비 왔냐? 하시던 그 목소리

—「아빠 오시는 소리」 전문

어쩌면 이렇게도 다정한 시가 또 있을까? 이 시 「아빠 오시는 소리」는 시집 전체에서 가장 마음을 따뜻하게 해준다. '타닥 크극' '어흠 흠' 각종 의성어는 시인이 아버지께 부리는 재롱 같다는 느낌이다. '자가용'을 끌고 다닐 만큼 다 자란 시인이지만 친정집에 가서 '아빠'를 기다리는 딸은 여전히 어린애처럼 '드륵 륵 삐걱 뜩 뜩' 소리에 곧 만날 아빠를 기다리며 콩닥콩닥 가슴이 뛰는 것이다.

'앞마당 주차된 자가용'을 보시면서 아빠는 또 얼마나 반가우셨을까?

부모님께 바치는 시를 쓰면서 시인은 또 부모님의 부모님에 대한 예의를 잊지 않는다. '손주들 손가락에 가시만 들어가도/ 빨고 불며 손바닥을 다 핥아 주신 할머니/ 당신 삶은 정작 피고름 투성이였던'(「생인손」) 할머니의 삶 역시 어머니의 삶과 크게 다르지 않다. 그리고 그 '할머니에게도 자석처럼 끌리는 어머니가 있'(「댕댕이 덩굴」)었다는 것을 깨달을 만큼 시인의 마음의 키는 자라 있다.

헛꿈 꾸다 깨버린 새벽녘
먼저 깬 할머니의 굽은 등에서는
바다 냄새가 났다
짜고 쓴 인생의 바닷물에 휩쓸려
혼자 견디다 마침내 홀로 남은

조가비 무덤에서 할머니를 찾았다

–「외딱지 조가비」 부분

할머니는 어머니를 거쳐 나에게로 이어지는 바로 나의 모습임을 시인은 말하고 있다.

영원을 흐르는 시간의 강물 한 굽이를 돌아 일어나고 스러지는 물거품도 잠깐 누군가의 눈부처가 되어 생의 의미를 일깨우는 것이려니, 영원보다도 더 큰 인연과 은혜로 만난 부모님께 이렇게 시를 바치고, 또 그 시를 읽으시며 기뻐하실 부모님을 보는 시인은 참 복 많은 사람이다.

부모님과 시인은 서로에게 '그냥 있어줘서 고마운' 존재인 것이다.

별의 내력

별의 내력

인쇄 2015년 8월 22일
발행 2015년 8월 25일

지은이 박미영
펴낸이 이순옥

펴낸곳 도서출판 문화의힘
대전광역시 동구 대전로 867번길 52
한밭오피스텔 406호 / 제177호
전화 042) 633-6537
전송 0505) 489-6537

ISBN 978-89-90647-86-3

| 값 10,000원 |

이 도서의 국립중앙도서관 출판예정도서목록(CIP)은 서지정보유통지원시스템 홈페이지(http://seoji.nl.go.kr)와 국가자료공동목록시스템(http://www.nl.go.kr/kolisnet)에서 이용하실 수 있습니다.
(CIP제어번호: CIP2015022802)